ant

apple

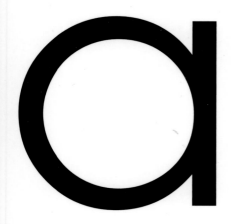

look at the letter

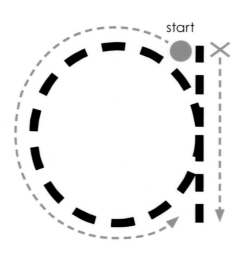

start

trace the letter

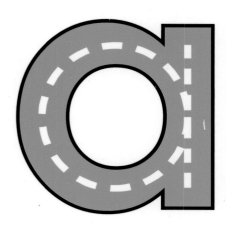

draw inside

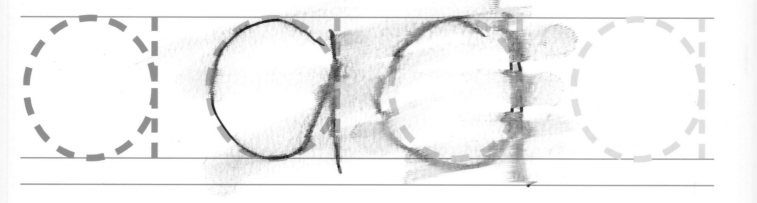

letter practice

 **b**utterfly

 **b**all

look at the letter

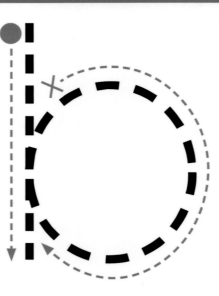

start

trace the letter

draw inside

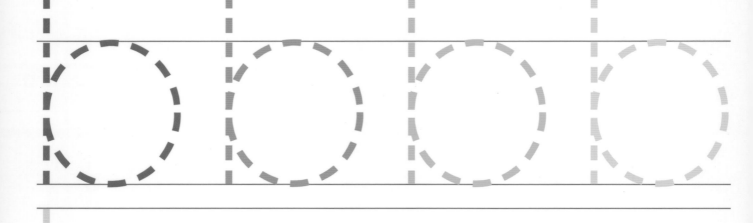

letter practice

cat   **c**   **c**upcake

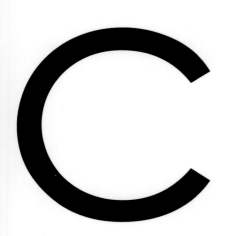

start

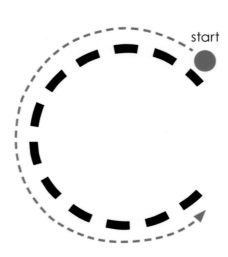

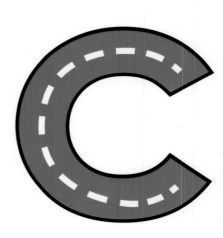

look at the letter   trace the letter   draw inside

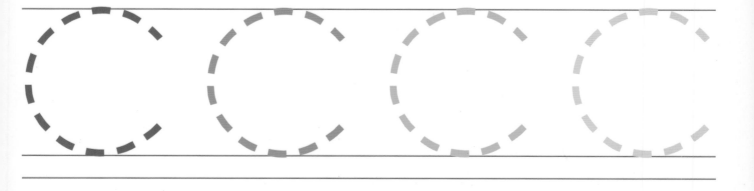

letter practice

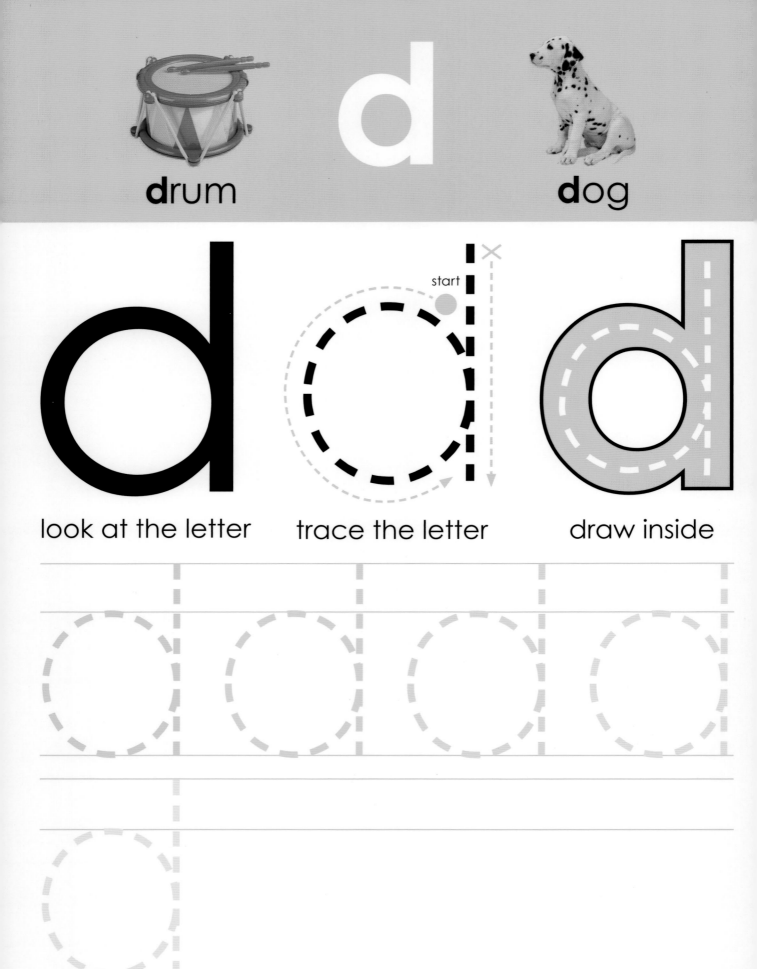

drum

dog

look at the letter

trace the letter

start

draw inside

letter practice

egg **e**agle

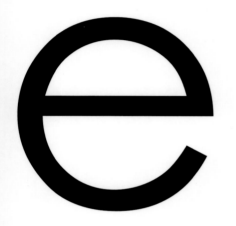

look at the letter

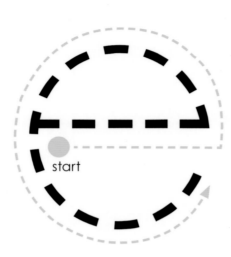

start

trace the letter

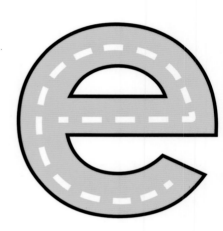

draw inside

letter practice

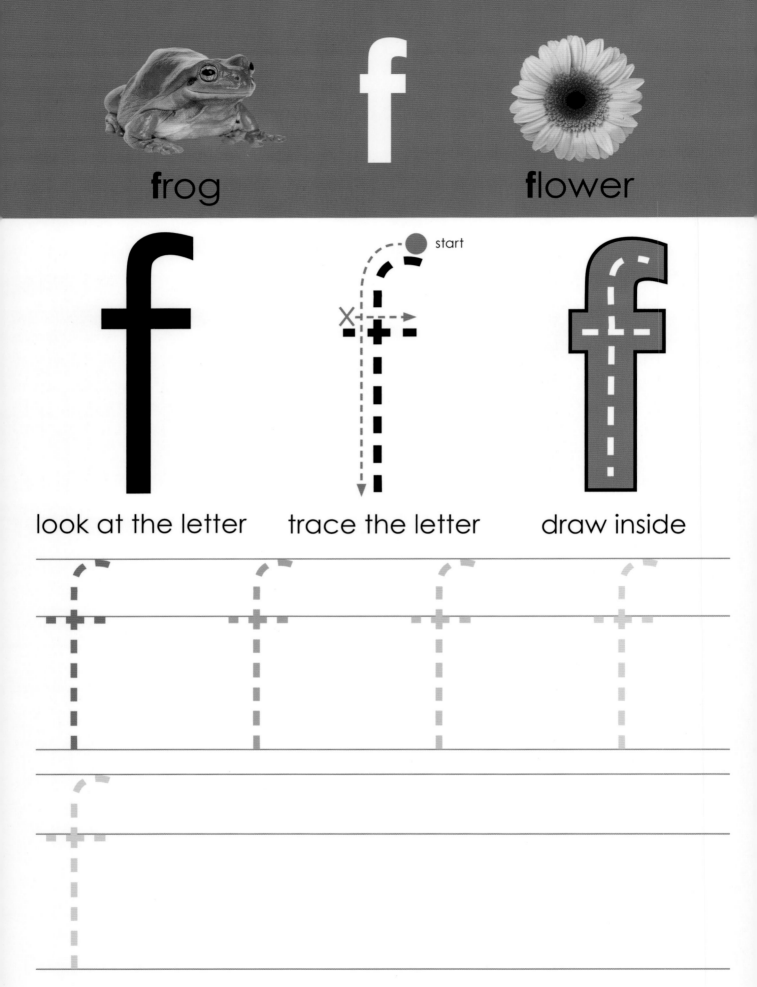

frog

f

flower

look at the letter

trace the letter

start

draw inside

letter practice

goat

grapes

look at the letter

trace the letter

start

draw inside

letter practice

hat

h

horse

look at the letter

start

trace the letter

draw inside

letter practice

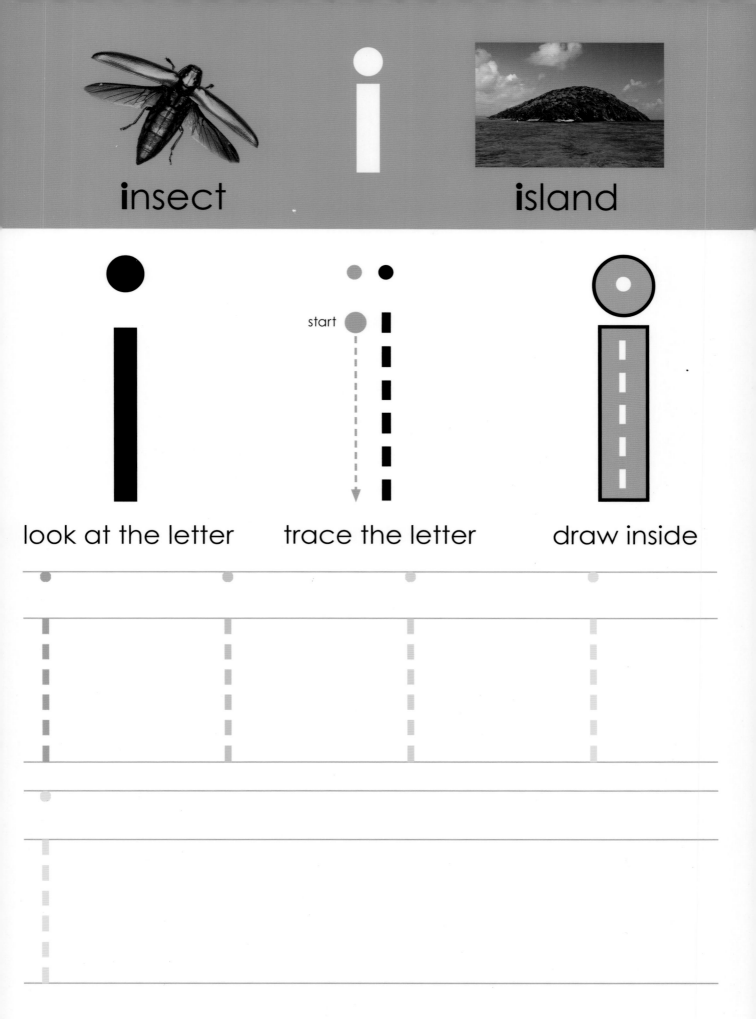

insect

island

look at the letter   trace the letter   draw inside

start

letter practice

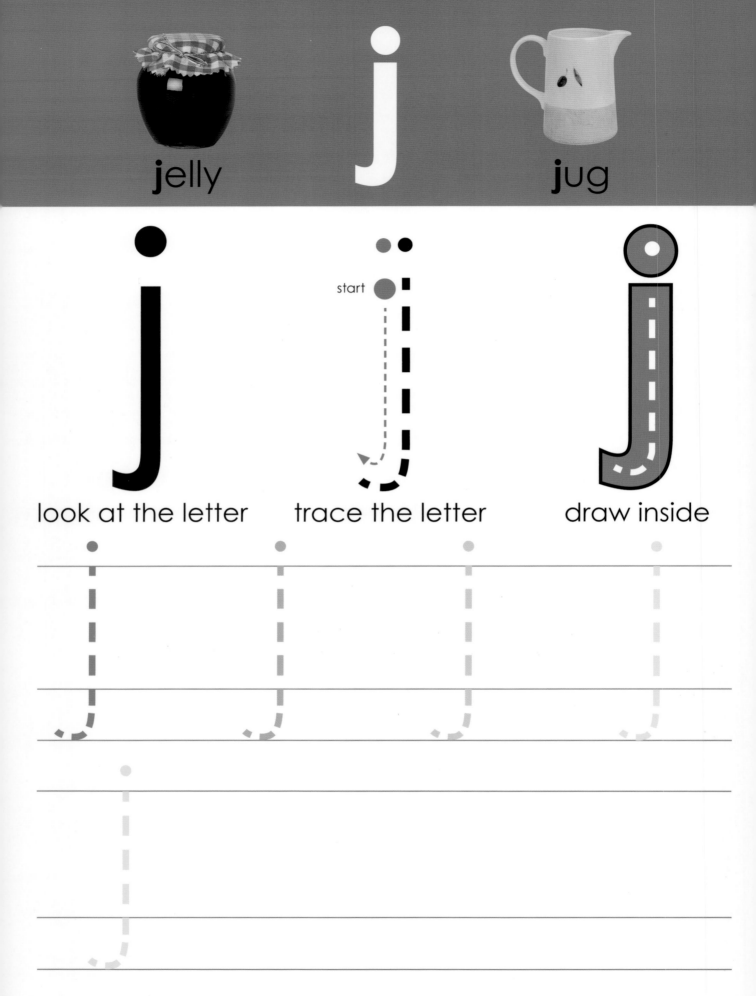

jelly

j

jug

j

look at the letter

start

trace the letter

draw inside

letter practice

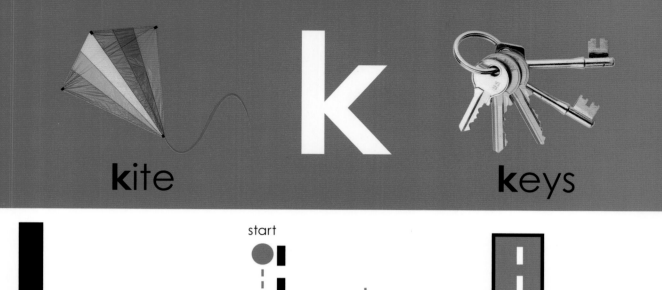

kite

k

keys

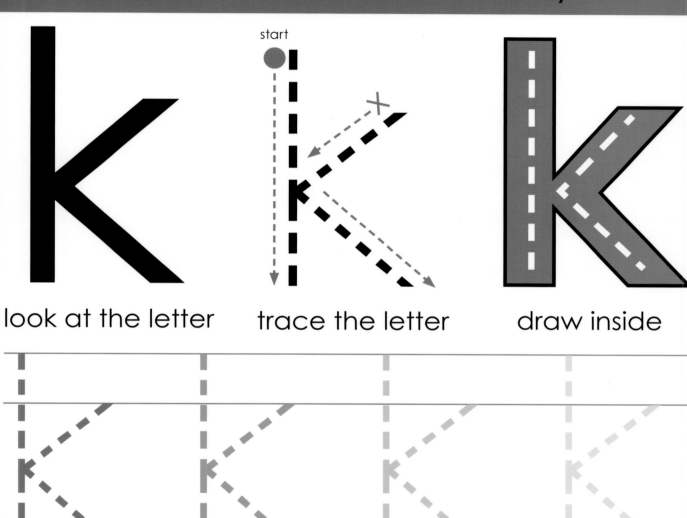

look at the letter

start

trace the letter

draw inside

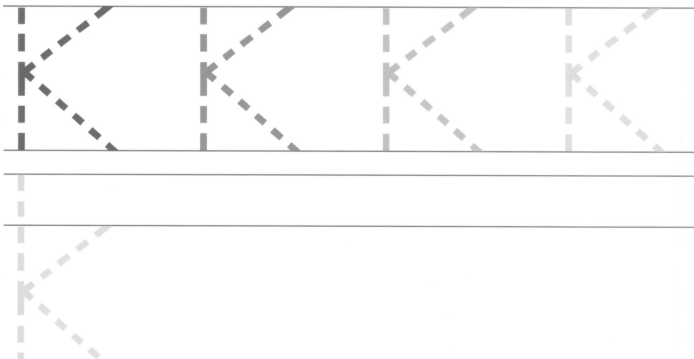

letter practice

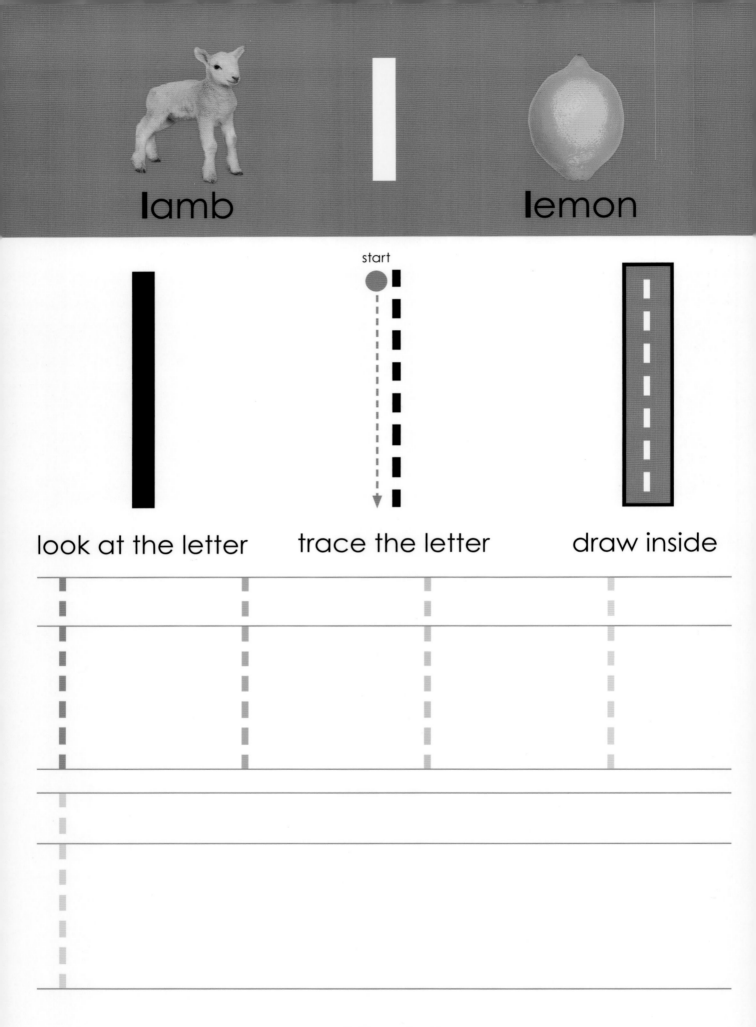

lamb

lemon

start

look at the letter

trace the letter

draw inside

letter practice

milk

moon

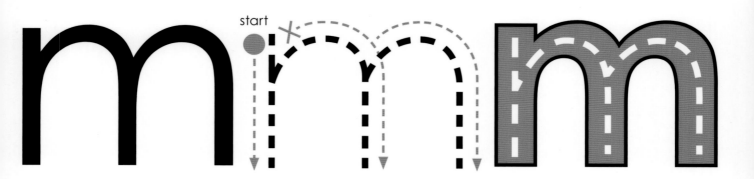

look at the letter   trace the letter   draw inside

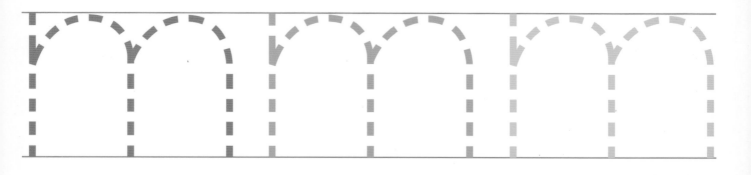

letter practice

nut   **n**ails

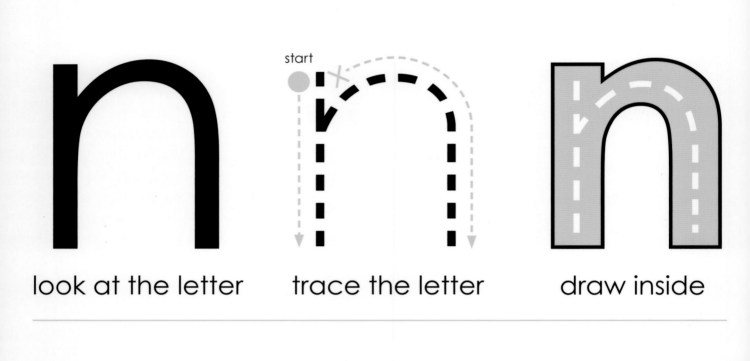

look at the letter   trace the letter   draw inside

start

letter practice

orange   **o**wl

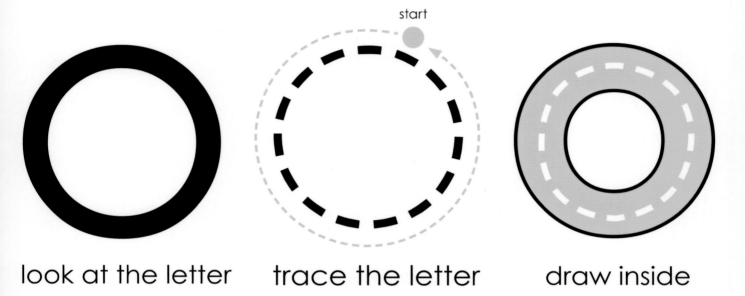

start

look at the letter   trace the letter   draw inside

letter practice

piglet　**p**　**p**ear

look at the letter

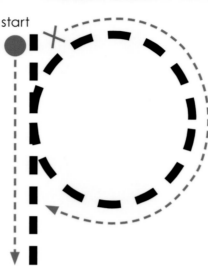

trace the letter

draw inside

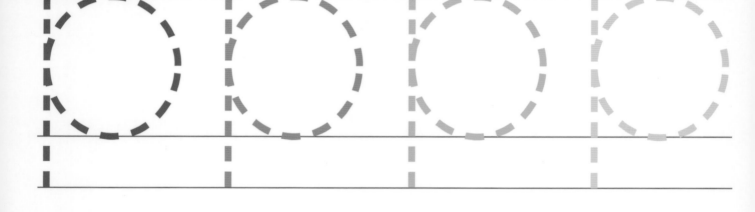

letter practice

queen q **q**uiet

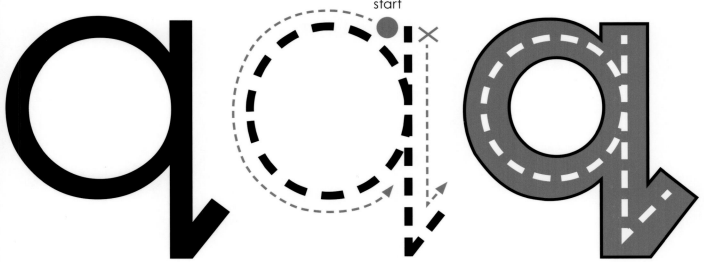

look at the letter   trace the letter   draw inside

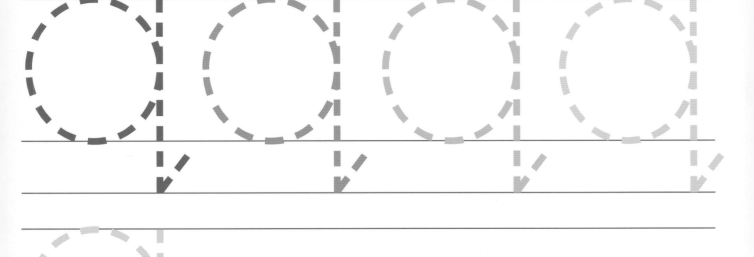

letter practice

rose

rabbit

look at the letter

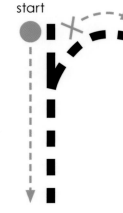

start

trace the letter

draw inside

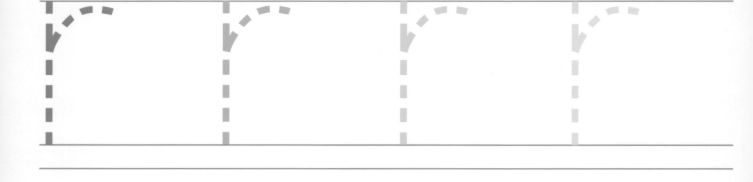

letter practice

shoes

sheep

look at the letter

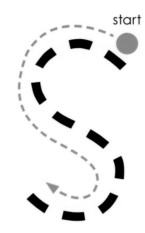

start

trace the letter

draw inside

letter practice

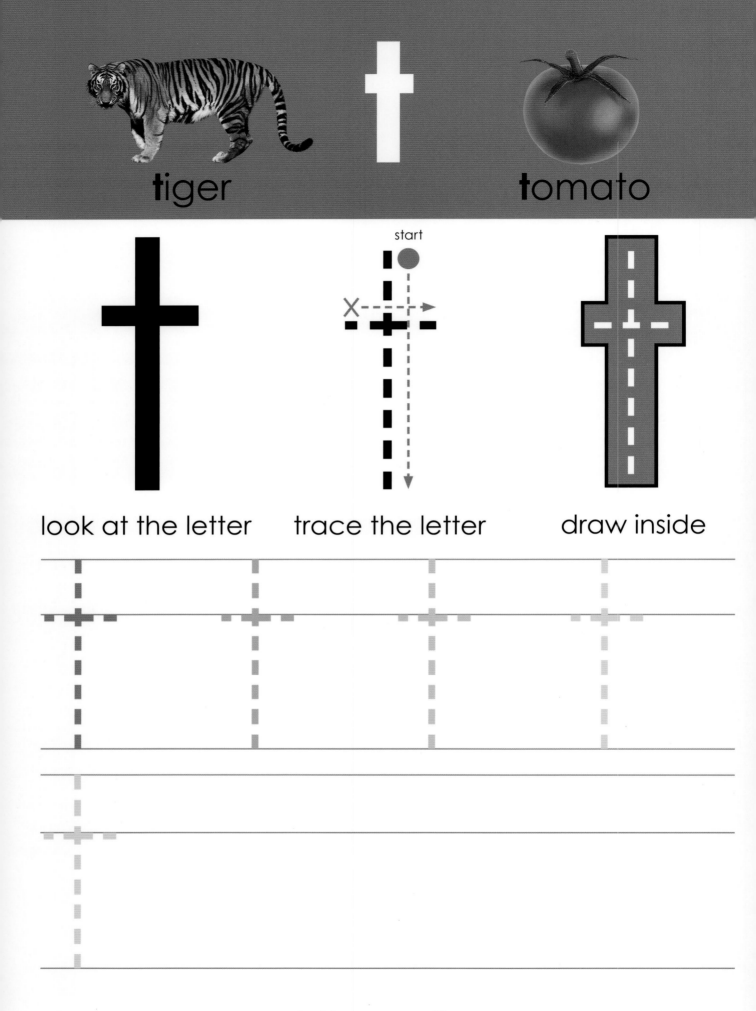

tiger

tomato

start
x

look at the letter

trace the letter

draw inside

letter practice

under · U · **u**ndress

 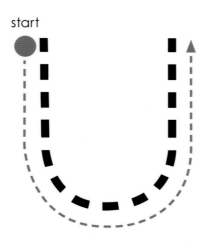 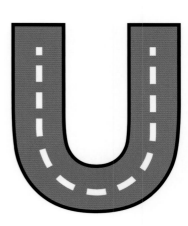

start

look at the letter · trace the letter · draw inside

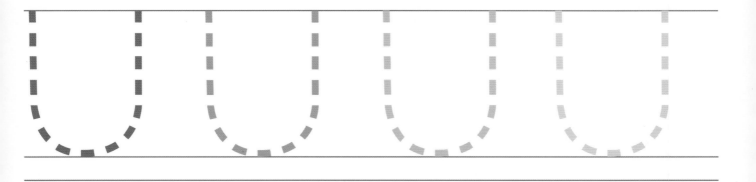

letter practice

vase

violin

look at the letter

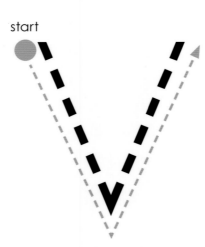

start

trace the letter

draw inside

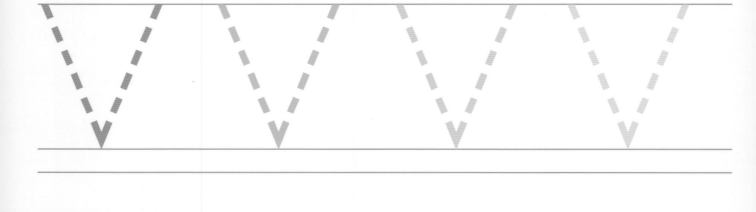

letter practice

water

whale

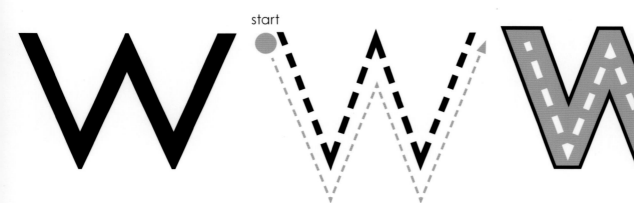

look at the letter   trace the letter   draw inside

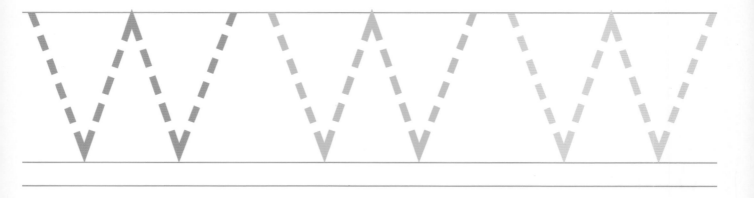

letter practice

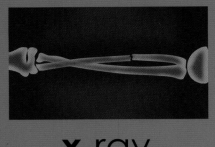
x-ray

xylophone

look at the letter

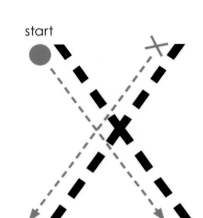
start

trace the letter

draw inside

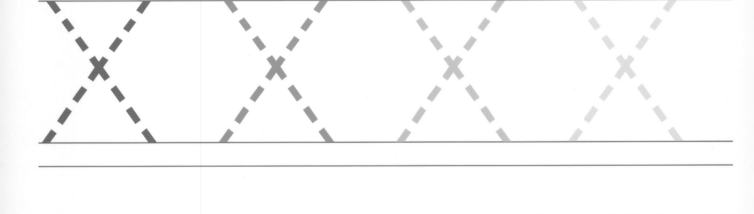

letter practice

yo-**y**o

yawn

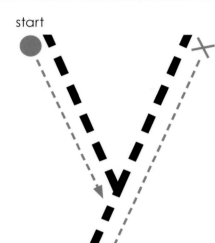

start

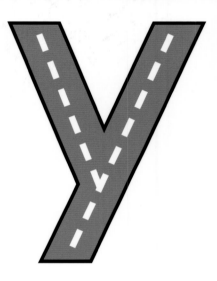

look at the letter   trace the letter   draw inside

letter practice

zoo

zig**z**ag

look at the letter

start

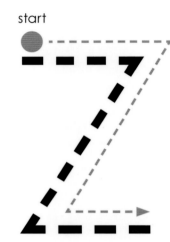

trace the letter

draw inside

letter practice